AF359856

RAPPORT

SUR

L'INONDATION DE 1840,

PRÉSENTÉ

PAR LE MAIRE DE LA VILLE DE LYON

A M. LE PRÉFET DU RHONE.

IMPRIMERIE CHARVIN ET NIGON,
rue Chalamon, 5.

RAPPORT

SUR

L'INONDATION DE 1840

PRÉSENTÉ

PAR LE MAIRE DE LA VILLE DE LYON

A M. LE PRÉFET DU RHONE.

LYON.

—

1841.

RAPPORT

SUR

L'INONDATION DE 1840,

PRÉSENTÉ

PAR LE MAIRE DE LA VILLE DE LYON

A M. LE PRÉFET DU RHONE.

————

MONSIEUR LE PRÉFET,

Je vous dois depuis long-temps un rapport sur les graves événements qui ont affligé la ville de Lyon dans les derniers jours du mois d'octobre et les premiers du mois de novembre, et sur tous les actes de l'Administration municipale qui ont eu pour but d'en atténuer les résultats. Je vous entretiendrai presque exclusivement des faits qui se sont passés dans la ville même.

Toutefois, le premier de nos actes a eu pour théâtre la commune de la Guillotière. Le Rhône, grossi par des pluies continuelles tombées pendant les derniers jours d'octobre, et par la fonte des neiges qu'avait déterminée une température d'une douceur extrême, avait atteint, le 30 de ce mois, une hauteur presque égale à celle où il était arrivé en l'année 1812 ; il se répandait déjà sur nos quais, et par les ouvertures des égoûts inondait la rue du Pérat et les rues adjacentes. Vers six heures du soir, les eaux, s'élevant toujours, entraînèrent cinq usines amarrées sur le bord du fleuve, le long de la chaussée Perrache. Dans la nuit du 30 au 31 à deux heures du matin, le Rhône, continuant à croître, rompit la digue en terre construite en 1837 pour garantir de ses irruptions la ville de la Guillotière, et se précipita par torrents dans les rues des Broteaux. Cette nuit fut horrrible, et au point du jour on reconnut avec effroi que déjà un assez grand nombre de maisons avaient été renversées par la violence des eaux, et qu'un plus grand nombre encore étaient sur le point d'être abattues à leur tour. Une multitude d'infortunés étaient menacés de périr sous les débris de leurs maisons en ruine ; et les Autorités de la Guillotière, enfermées par les eaux, ne pouvaient diriger aucun secours. Alors plusieurs habitants de la rive gauche du Rhône vinrent me solliciter de m'y transporter moi-même. Je me rendis aux Broteaux, accompagné de M. ARNAUD, un de mes adjoints, d'un Commissaire de police et de plusieurs Agents. On nous signala des maisons isolées dans la Cité du Rhône, dont les habitants réclamaient à grands cris et par des signaux des secours immédiats. Deux bateaux abandonnés étaient seuls à notre disposition : tout le peuple nous aida à leur faire traverser la chaussée du cours Morand; puis, après avoir déterminé quelques mariniers à les monter, nous les dirigeâmes vers la Cité du Rhône. Ces moyens de sauvetage étaient évidemment insuffisants : de retour à Lyon, je me hâtai de requérir dix nouvelles barques avec trente mariniers, que j'envoyai sur-le-champ aux Broteaux, et j'ai acquis la certitude que ce puissant secours a rendu de grands services aux inondés, et sauvé la vie à plusieurs habitants.

J'avais rencontré sur les lieux M. PIESTRE, Secrétaire général de l'Administration des Hôpitaux, et M. CHRISTÒT, leur architecte ; nous convînmes ensemble que la Galerie de l'Hôpital devait être immédiatement ouverte pour offrir un refuge aux inondés chassés de leurs habitations. Cette mesure a été prise par M. DE LA HANTE, président du conseil des hospices, et M. DELORE, administrateur de l'intérieur, avec le zèle éclairé, avec l'humanité ardente, dont l'Administration donne si constamment de nombreux exemples. Plusieurs centaines de malheureux, dénués de tout, ont trouvé dans l'Hôtel-Dieu un asile, des aliments, des vêtements pendant plusieurs jours ; et, à leur sortie, ils ont reçu un secours pécuniaire qui leur a donné le temps de se procurer un nouveau logement.

De mon côté, sur votre demande, Monsieur le Préfet, je fis confectionner extraordinairement mille kilogrammes de pain, qui furent mis aussitôt à la disposition de l'Administration de la Guillotière.

On me pressait vivement d'interdire le passage du pont Morand. La ligne de flottaison du Rhône surpassait de 35 centimètres les plus hautes eaux connues, celles de 1812. Les craintes les plus vives étaient exprimées sur le sort de ce pont, qui pourtant était presque constamment couvert d'une foule immense. Rassuré par le rapport des architectes de la Mairie, je conservai cette communication, en ayant soin de prendre des mesures pour que la circulation y fût régulière. A midi, le Rhône avait cessé de croître ; dans la nuit du 31 octobre au 1er novembre, il commença à baisser. A ce moment l'Autorité militaire me fit demander de nouveaux moyens de transport, soit pour porter des vivres à plusieurs forts qui en manquaient, soit pour faire évacuer plusieurs postes isolés qui se trouvaient submergés. A l'aide d'une nouvelle réquisition je mis à sa disposition quatre bateaux et leurs agrès. Je dois signaler ici à la reconnaissance publique la promptitude avec laquelle toutes mes réquisitions ont été satisfaites par les propriétaires des bateaux, et spécialement par MM. RICHE, VANEL, et par les Compagnies des bateaux à vapeur.

Ainsi, le 1er novembre, nos inquiétudes diminuaient du côté du Rhône. Mais la Saône, parvenue déjà à une hauteur considérable, continuait à grossir, et la ville de Lyon, qui n'avait pas souffert sensiblement du débordement du Rhône, était menacée d'une inondation plus terrible. Dans la matinée du 2 Novembre, accompagné de M. REYRE, mon premier adjoint, je parcourus les rives abordables de la Saône, pour faire assurer et doubler les amarres, et prévenir, s'il était possible, la perte des bateaux chargés ou vides qui, entraînés par la violence des eaux, pouvaient causer la destruction des ponts. Toutes les précautions furent prises ; mais elles devaient être en grande partie insuffisantes devant la puissance du fléau qui grandissait avec une constance désespérante. Bientôt une grande partie des rues furent envahies.

Fallait-il pour conserver les communications que l'Administration se chargeât elle-même de la construction des ponts provisoires et de la direction des bateaux nécessaires ? Nous pensâmes qu'une pareille mesure aurait de grands inconvénients, qu'elle ne serait point exécutable sur une assez vaste échelle, que des désordres graves pourraient en résulter, et que le passage complètement gratuit, soit sur les ponts improvisés, soit surtout dans les bateaux, amènerait des encombrements suivis d'accidents funestes. Nous arrêtâmes, en conséquence, que nous laisserions agir l'intérêt privé, en le surveillant sans cesse pour assurer la sécurité des passagers, et en ne permettant point qu'il exigeât impérieusement de rétribution et se livrât à des exactions coupables. L'Autorité a été constamment et partout présente. Sur tous les points où les encombrements étaient à craindre, elle a multiplié ses agents de police, ses surveillants de nuit, et au besoin même la troupe de ligne, pour parer à tous les dangers qui pouvaient menacer la population. A l'aide de ces précautions, sauf les légers abus qu'il était impossible de prévenir complètement, l'ordre a régné partout au milieu du désordre des éléments; et s'il a été impossible de prévenir les pertes matérielles, nous avons eu le bonheur de conserver saine et sauve notre population. Un seul homme a péri au milieu de notre ville submergée, de notre ville, à travers laquelle la Saône, formant dans plusieurs rues des courants impétueux , allait se précipiter dans le Rhône; encore, le marinier Rumilly a-t-il été victime d'une imprudence qui, dans toute autre circonstance, lui eût été aussi fatale.

Dans cette même journée du 2 Novembre , nous arrêtâmes également que l'autorité serait concentrée exclusivement dans la Mairie ; nous pensâmes qu'en éparpillant le pouvoir dans des mains nombreuses , quelque zélées qu'elles fussent, il en résulterait un défaut d'unité qui pourrait avoir les inconvénients les plus graves. Il fut donc convenu que la direction partirait uniquement de l'Hôtel-de-Ville , qu'on n'aurait recours à aucune Commission, et que tous les renseignements viendraient se concentrer dans le cabinet du Maire, d'où partiraient tous les ordres. Dans tous les temps on a senti, au milieu des grandes crises, la nécessité de centraliser l'action du pouvoir ; et vous reconnaîtrez sans doute , Monsieur le Préfet, que les circonstances que nous venons de traverser, rendaient cette résolution plus nécessaire que jamais. Les mesures furent prises en conséquence : tous les Commissaires de police durent présenter , chaque jour et plusieurs fois par jour , des rapports sur les événements arrivés dans leurs quartiers , et de la Mairie partaient les ordres que dictaient les circonstances. Au reste , de tout côté, les bons citoyens accouraient à notre cabinet, soit pour nous donner d'utiles avis, soit pour recevoir de nous l'impulsion convenable ; et à leur tête je dois placer la plupart des Membres du Conseil municipal, dont le zèle et le dévouement ne se sont pas un instant ralentis. L'Administration n'a qu'à se louer du concours qui lui a été offert de toutes parts, et qu'elle s'est empressée d'utiliser toutes les fois qu'elle l'a jugé possible.

Une question importante la préoccupait dès le 1ᵉʳ Novembre ; depuis plusieurs jours, les hautes eaux de la Saône avaient rendu les arrivages impossibles ; on devait craindre que cet état de choses ne se prolongeât et ne compromît les approvisionnements de la ville. Je m'enquis de leur situation ; j'eus plusieurs conférences avec les principaux négociants en farines, je stimulai autant que possible les arrivages, et pour cela je me crus obligé de ne point m'opposer à l'accroissement du prix du pain et des farines, puisque cette hausse était une prime indispensable pour engager les fournisseurs à ne reculer devant aucun obstacle. Ces mesures ont eu le succès que j'en espérais : jamais les boulangers n'ont été mieux approvisionnés de pain ; et, quoique l'inondation eût éteint un assez grand nombre de fours, la population n'a pas eu un seul jour d'inquiétude sur sa subsistance.

Mais le travail était interrompu de toutes parts ; mais la misère se faisait sentir plus vive chez ceux qui , avant l'invasion du fléau , étaient déjà misérables. Il fallait augmenter les secours ordinaires ; il fallait les porter à domicile; car ceux qui avaient faim ne pouvaient sortir de leur demeure. Les Commissaires de Police et leurs Agents furent chargés de ce service. La Mairie fit confectionner un grand nombre de bons qui mirent à leur disposition tout le pain nécessaire , et les distributions furent faites avec ordre et régularité dans tous les quartiers inondés. Plusieurs bons citoyens , dont quelques-uns vous seront signalés à la fin de ce Rapport , prêtèrent leur concours à MM. les Commissaires de Police, et , à quelques exceptions près , qui du reste ne sont point parvenues à ma connaissance d'une manière certaine , je puis assurer que la population n'a réellement pas souffert du manque d'aliments dans ces circonstances désastreuses.

Cependant la Saône croissait obstinément ; dans la journée du 3 , elle s'était élevée à une hauteur prodigieuse ; des avis qui nous parvenaient de la Haute-Saône nous faisaient craindre qu'elle ne grossît encore. La population effrayée et inquiète couvrait toute la partie de la ville non submergée ; l'eau pénétrait dans des rues et sur des portions de quais où de mémoire d'homme on ne l'avait vu

parvenir ; un grand nombre d'habitants épouvan-
tés abandonnaient leurs demeures et se réfugiaient
sur les hauteurs. Dans la nuit du 3 au 4, la Saône,
après avoir atteint les points culminants de l'espace
qui la sépare du Rhône, menaçait de se précipiter
dans ce fleuve rentré complètement dans son lit.
L'on me proposait d'établir un barrage sur ces
points culminants, pour retenir la Saône, et l'empêcher de former des courants au travers de nos
rues ; d'autres personnes voulaient au contraire
creuser des canaux, afin d'établir plus facilement
des communications entre le Rhône et la Saône.
Je repoussai ces deux partis, et surtout le dernier,
qui m'inspirait une défiance que les désastres
arrivés au quai du Port-Charlet n'ont que trop
justifiée. Le premier me semblait utile, mais les
craintes manifestées par les citoyens en rendaient
l'exécution presque impossible. En effet, malgré
mes ordres, l'inquiétude de plusieurs habitants les
détermina à faire enlever des pavés et à creuser
une coupure assez profonde à l'extrémité de la rue
Port-Charlet, du côté du Rhône ; les eaux s'y
précipitèrent avec une violence accrue encore par
la pente naturelle du terrain, et bientôt en fouillant
profondément le sol, elles creusèrent, au pied de
la maison Renard, un ravin dans lequel cette construction était menacée de tomber incessamment

Informé de ce danger , j'obligeai les locataires de cette maison à l'évacuer immédiatement, et je fis opérer leur déménagement par cinquante militaires requis exprès. Le lendemain matin, ayant appelé votre attention , Monsieur le Préfet, sur l'urgence d'arrêter les progrès véritablement menaçants de l'affouillement que les eaux de la Saône creusaient sur le quai, j'eus l'honneur de vous rencontrer sur les lieux , où vous vous étiez rendu assisté de MM. les Ingénieurs des Ponts et Chaussées. Aussitôt on s'occupa des mesures nécessaires pour diminuer la chûte du torrent et pour sauver, s'il était possible, la maison Renard et les maisons voisines. Les travaux dirigés avec une active habileté obtinrent le résultat que l'on se proposait. Dans le ravin que la rivière avait formé, un étrange spectacle s'offrit aux regards, celui d'un cimetière qui existait sous le quai. Ce n'est pas sans une profonde émotion que l'on apercevait des squelettes couchés horizontalement, arrachés pièce à pièce par les eaux furieuses de la Saône, et précipités dans le Rhône, qui, bien que si voisin , avait toujours respecté leur repos séculaire. C'est sans doute à ce fait dénaturé par la rumeur publique , que l'on doit attribuer le bruit qu'un certain nombre de personnes avaient péri dans le gouffre de la rue Port-Charlet. Aucun événement de ce genre n'a eu

lieu , et les précautions sévères prises pour prévenir
tout accident, ont été couronnées d'un plein succès.

Malgré l'exemple de la rue Port-Charlet , des
habitants de la rue Sala ouvrirent aussi , dans la
nuit du 4 au 5 , une rigole peu profonde pour
mettre les eaux de la Saône, qui avaient pénétré
dans cette rue, en communication avec le Rhône.
Instruit de ce fait , à une heure du matin , par
M. Garella , j'envoyai sur-le-champ un piquet de
quinze hommes pour arrêter cet effet d'un zèle
aveugle : mais les travailleurs s'étaient déjà retirés
après avoir exécuté leur entreprise ; heureusement
les eaux ayant cessé de croître , cette imprudence
n'a eu aucune suite fâcheuse.

Le soir même où la Saône envahissait nos rues
pour communiquer avec le Rhône , un autre fléau
nous frappait. Sur les dix heures , je fus averti
qu'un immense incendie venait d'éclater aux bar-
rières de Vaise , et dévorait la fabrique d'orseille ; je
donnai l'ordre aux Pompiers , toujours si pleins de
zèle, d'y conduire les pompes à incendie qui sont en
dépôt à St-Just ; car toute communication par les
quais se trouvait complètement interceptée. Ce ne
fut qu'après les plus grandes difficultés que cet
ordre fut exécuté : il fallut ouvrir plusieurs murs
de clôture pour parvenir jusqu'au théâtre de l'incendie , dont les ravages furent momentanément

suspendus. Le feu se rallumant dans la matinée du 4, acheva de consumer la manufacture ; et la foule, qui couvrait les coteaux pour assister à la chute successive des maisons de la ville de Vaise, eut encore l'effrayant spectacle de ce foyer embrasé au milieu des flots. C'est dans cette même nuit du 3 au 4, que la Saône, franchissant le quai des Célestins, se précipita sur la place de Bellecour qu'elle couvrit jusqu'à la hauteur de cent ou cent trente centimètres, et qu'elle vint établir, par la rue St-Dominique, une communication avec les eaux dont elle inondait la place de la Préfecture et celle des Célestins. Jamais un pareil désastre n'avait affligé la ville de Lyon : aussi, à cette nouvelle, la consternation fut universelle ; chacun était agité des plus funestes pressentiments ; ils ne se réalisèrent que trop. Un grand nombre de bateaux à laver avaient déjà été entraînés et s'étaient brisés avec un horrible fracas sous les divers ponts qu'ils traversaient. Malgré la solidité de sa construction, la passerelle de St-Vincent, dont les eaux avaient dépassé le tablier, avait été emportée dès le 3 à deux heures après midi ; le pont Chazourne avait eu le même sort ; le 4, dans la matinée, deux travées du pont de la Mulatière, profondément affouillées par le torrent, disparurent ; enfin le pont élégant jeté par la Compagnie Seguin vis-à-vis le Palais-de-Justice, ne put résister et fut renversé. Cependant les eaux du ciel continuaient à se précipiter avec une violence désespérante, et tandis que la partie basse de la ville était dévastée par les eaux de la Saône, celles des pluies détrempant les terres de nos coteaux les entraînèrent comme une avalanche sur le versant de St-Georges et de la Quarantaine.

Trois maisons et deux pavillons furent renversés au-dessus des n°s 92 et 94 de la rue Saint-Georges. On nous avait dit que plusieurs habitants se trouvaient ensevelis sous leurs débris : je me rendis sur les lieux, accompagné de M. DARDEL, architecte de la ville, du Commissaire de police, de quelques Agents et d'un certain nombre d'hommes de corvée. Heureusement le rapport qu'on m'avait fait était erroné, et les maisons avaient été évacuées avant leur écroulement. Vous vîntes vous-même sur les lieux, Monsieur le Préfet, et nous visitâmes ensemble tous les points menacés par les éboulements de la montagne. M. FALCONNET, membre du Conseil municipal, qui a rendu de très grands services dans ces tristes circonstances, s'était joint à nous, et nous parvînmes à rassurer les habitants, qui redoutaient de plus grands malheurs encore. Deux maisons à la Quarantaine, en tête du pont d'Ainay, s'étaient écroulées dans la nuit précédente ; personne n'avait péri ; nous donnâmes des ordres pour que leurs débris ne pussent compromettre la sûreté publique.

Les malheureux, chassés de leur domicile par la destruction de leur habitation ou par la terreur, se trouvaient sans asile et en venaient réclamer à l'Hôtel-de-Ville ; plusieurs citoyens nous offrirent d'en recueillir un certain nombre ; il en fut placé un plus grand nombre encore au dépôt de Mendicité, dans quelques écoles des Frères qui étaient abandonnées, et dans trois écoles de la Société élémentaire. Son digne Président, M. THIAFFAIT, avec son zèle accoutumé, ne se contenta pas de mettre ses locaux à notre disposition ; mais il s'empressa encore de procurer à ces infortunés le pain, les vêtements et tous les autres secours que réclamait leur pénible situation.

L'archevêché s'ouvrit aussi pour recevoir le mobilier des inondés; et toute la population a pu admirer l'active charité déployée par le vénérable prélat que notre diocèse a le bonheur de voir placé à sa tête.

C'était le lendemain seulement que la Saône devait atteindre sa plus grande élévation ; et comme la pluie continuait à tomber, l'anxiété de la population était extrême : toutefois, les rapports des mariniers les plus expérimentés étaient rassurants : les eaux de la rivière s'éclaircissaient à leur sur-

face ; ce qui annonce une décroissance prochaine ,
parce qu'alors ce sont les eaux des plaines inondées
qui commencent à s'écouler, et que, restées en
repos pendant quelques jours, elles ont eu le temps
de déposer une partie du limon qu'elles tenaient en
suspension. Je crus devoir à ce moment m'adresser
à mes concitoyens pour relever leur courage , et
je fis afficher la proclamation suivante :

MES CHERS CONCITOYENS !

Un épouvantable fléau est venu se précipiter sur nous ; mais les
maux qu'il entraîne ne sont point au-dessus de notre courage ,
et la bienfaisance publique saura les adoucir. Tout annonce
qu'il touche à sa fin : que la fermeté que vous avez montrée se
soutienne. Les Magistrats, chargés de veiller sur vous, rem-
plissent nuit et jour ce devoir , devenu aujourd'hui pénible
et douloureux.

L'inondation présente n'est pas sans exemple dans le passé ;
nous ne serons ni moins courageux que nos pères pour en
supporter les désastres , ni moins actifs ou moins généreux pour
les réparer.

Quant à vos Magistrats, soyez assurés que, tout en s'efforçant
de parer aux calamités présentes , ils ne perdent pas un instant
pour organiser les secours qui doivent concourir à en faire disparaître les traces.

Lyon , le 4 Novembre 1840.

Le Maire de la ville de Lyon ,

TERME.

Cependant les quais intérieurs de Lyon, sur l'une et l'autre rive, étaient entièrement inondés, sauf les têtes des ponts ; des communications s'établissaient entre les deux rivières par plusieurs rues, et notamment par la rue Port-Charlet, la rue de l'Attache-des-Bœufs et par le magnifique passage de l'Hôtel-Dieu. La Galerie de l'Argue et la rue Raisin unissaient les eaux qui arrivaient directement de la Saône, à celles qui envahissaient le quartier de l'Hôpital par les égoûts. La Saône inondait également la plupart des rues parallèles à son cours, les deux rues Mercières, les rues Trois-Carreaux, de l'Hôpital, Confort, Grôlée, St-Jean, etc. Les places de la Préfecture, du Concert, du Méridien, de la Charité, comme celle de Bellecour, étaient couvertes d'eau à une très grande hauteur. Du côté d'Ainay, les eaux avaient pénétré dans toutes les rues les plus rapprochées de Bellecour, mais elles ne s'étendaient pas au delà de la rue Ste-Hélène ; et ce quartier qui était, il y a un demi-siècle, si constamment en proie aux inondations que les fièvres intermittentes marécageuses y étaient presque endémiques, régénéré par les travaux récents, n'a pas eu à souffrir du fléau qui sévissait avec tant de violence sur tout le reste de la ville. Il n'en a pas été de même de l'extrémité de la presqu'île Perrache. Le Rhône et la Saône l'ont successivement envahie , et trente à quarante maisons ou baraques y ont été renversées.

Les magasins de la Douane n'ont point été épargnés ; on avait bien transporté dans les étages supérieurs les marchandises les plus précieuses, et avant tout les ballots de soie , mais un grand nombre d'autres ont été détruites ou gravement avariées. A la demande de l'Administration de la Douane je lui ai offert un asile à la Martinière , et elle est venue s'y établir pendant quelques jours.

La Saône , qui s'était élevée à une grande hauteur sur les quais St-Benoît et de Serin , avait renversé la maison Toussaint, inondé les magasins de fourrages et pénétré jusques dans les fours de la manutention militaire. A ma requête , l'Administration des hôpitaux donna à l'Administration militaire un de ses fours dans l'hospice de la Charité ; mais bientôt les eaux ayant envahi la Charité elle-même, c'est à l'Hôtel-Dieu que l'Administration des hôpitaux se vit obligée de faire confectionner le pain qui lui était nécessaire , et l'Administration militaire s'adressa à plusieurs fours de la portion de la ville non inondée pour assurer le service de la manutention.

Dans ces jours de désastres, tous les bons citoyens s'émeuvent et apportent leurs vues et leurs conseils aux magistrats ; mais il faut que ceux-ci se gardent de céder aux impressions si vives de la terreur générale. Nous avons dû, vous et moi, Monsieur le Préfet, nous défendre bien des fois de propositions inspirées par l'amour du bien public, mais qui présentaient dans leur exécution de graves dangers. Aucune cependant n'a été repoussée sans examen, même celles qui tendaient à la destruction des Ponts de Serin, du Change ou de Tilsitt. Toutes étaient soumises à l'examen d'hommes spéciaux, et nulle n'était rejetée ni adoptée qu'après une discussion approfondie de ses résultats probables.

Enfin la Saône cessa de croître dans la nuit du 4 au 6 ; c'est donc là l'époque de sa plus grande hauteur. Il ne sera peut-être pas sans intérèt pour vous, Monsieur le Préfet, ni même pour l'avenir, de trouver ici le tableau des *maxima* atteints alors par les eaux sur divers points de la ville, où on a pu les constater et les mesurer avec précision.

RIVE GAUCHE :

Porte de l'Eglise St-Louis, sur la rue des Augustins : 1 mètr, 23 au-dessus du seuil.

Allée Marchande (côté du quai) : 1 m, 36 au-dessus du seuil.

Portail de l'Eglise St-Bonaventure : 0 m, 45 au-dessus du seuil.

Aucune trace n'est restée sur le piédestal de la *Colonne du Méridien ;* on pourra cependant y marquer la hauteur de l'eau au moyen d'un coup de niveau partant du repère fait sur la fermeture des magasins des messageries en poste, n° 24, où l'eau s'est élevée de 0^m, 69 au-dessus de la dalle.

Halle-aux-Blés, façade nord, 0^m, 67 au-dessus du seuil de la porte du centre, ou 0^m, 34 en contrebas du dessus du socle.

Halle-aux-Blés : façade méridionale, 0 , 39 en contrebas du dessus du socle.

Hôtel de la Préfecture : à la grille d'entrée sur la place, l'eau est arrivée précisément au - dessus du second socle des piliers, à 1^m, 45 au-dessus du seuil de l'entrée centrale.

Passage de l'Hôpital, sur la rue : 0^m, 80 au-dessus de la dalle de la maison n° 39, devant la porte d'allée.

Hôtel-Dieu : (repère à l'angle sud-est de la place de l'Hôpital près de l'église), 0^m, 455 au-dessus du socle, ou 0^m, 43 en contrebas du dessus de la coudière des grandes fenêtres.

Eglise de l'Hôpital : 0^m, 50 au-dessus du perron.

Place des Célestins, à la porte du Théâtre : 1^m, 90 au-dessus du seuil.

Eglise de la Charité, à l'angle de la place et de la rue : 2^m, 26 au-dessus de la dalle ; 1^m, 49 au-dessus du perron de la porte principale.

Rue Louis-le-Grand : 0^m, 22 au-dessus de la dalle du magasin Mauteville.

Rue du Plat, hôtel de Malte : 0^m, 38 au-dessus du seuil de la grande porte.

Douane : jusqu'au niveau du bassin de la cour , ou 0^m, 66 au-dessus du pavé de la nouvelle porte sur la rue du Plat.

Grenier à Sel : au niveau du socle du rez-de-chaussée, 0^m, 64 au-dessus du seuil d'entrée.

RIVE DROITE :

Eglise St-Paul : 0^m, 53 à l'angle sud-ouest au-dessus des pavés.

Temple des Protestants, angle sud-est : 0^m, 51 au-dessus du pavé.

Archevêché, angle nord-est : 1^m, 80 au-dessus du pavé.

Palais de Justice : 1^m, 63 au-dessus de la dalle du jambage septentrional de la porte à l'angle de la rue des Estrées.

Les eaux de la Saône se sont élevées au-dessus de celles de 1711, de 0^m, 90, ainsi que le prouvent les deux cotes marquées sur la porte de l'ancien couvent de St-Antoine, l'une en 1711, l'autre en 1840 (1).

On peut juger, d'après ces chiffres, à quelles étroites limites était réduite la circulation dans

---

(1) Monsieur le Préfet trouvera à la suite de ce rapport le procès-verbal de l'inondation de 1711, qui fut dressé par l'administration municipale de cette époque.

notre cité : ajoutons, pour compléter ce triste tableau, qu'il n'y avait plus que trois ponts pour y concourir.

En effet, le pont de Serin, qui s'était soutenu avec une solidité vraiment merveilleuse, avait ses abords dépassés par les eaux ; elles avaient enlevé sur le quai de Serin des pierres de taille d'une dimension considérable, et y avaient creusé un ravin profond où elles se précipitaient avec fracas : enfin une quantité immense de pièces de bois de toute nature venaient s'enchevêtrer dans la charpente du pont, et rendaient sa conservation de plus en plus douteuse. Le pont de la Feuillée, après une lutte désespérée, subsistait encore; mais il n'en était pas moins hors de service ; car les eaux, couvrant chacune de ses culées, le rendaient inabordable.

Le pont du *Change*, dont tous les éperons étaient gravement endommagés, avait éprouvé dans sa travée du milieu une avarie plus grave encore. Au-dessus des voussoirs, le mur avait été entr'ouvert, et peu à peu les efforts des eaux et des pièces de bois qu'elles charriaient, avaient creusé une excavation dans l'épaisseur du pont lui-même. Il était impossible d'apprécier la grandeur du dommage; toutefois je fis barricader le pont longitudinalement dans cette partie, et placer un piquet d'infanterie sur ce point important de communication, afin de prévenir tout stationnement. Aussitôt qu'il fut possible d'approcher de la portion lésée, on reconnut avec effroi que, sur une grande étendue de cette travée, la cohésion des terres tassées par les siècles l'avait seule préservée de l'écroulement. Averti par M. PARET, Consciller de Préfecture, je fis immédiatement interdire la circulation et prévenir MM. les Ingénieurs des Ponts et Chaussées. Je descendis dans la cavité avec M. ARNAUD et M. l'Ingénieur en chef; elle était arrondie et présentait dans tous ses sens trois à quatre mètres de diamètre; elle s'était formée peu à peu par l'éboulement des terres qui ensuite avaient été entraînées par les eaux de la rivière. Mais les voussoirs étant restés intacts, il suffit de reconstruire le mur de parement et de remplacer les terres enlevées. MM. les Ingénieurs, avec leur habileté et leur activité ordinaires, eurent réparé le mal en deux jours.

Le pont de Tilsitt était presque entièrement obstrué par les eaux; mais il n'offrait aucune avarie, et ses abords étaient libres.

Enfin le pont d'Ainay était également intact; mais les eaux rasaient de si près son tablier, qu'on n'y passait qu'en tremblant.

L'Ouest n'était donc uni au reste de la ville que par trois ponts; et cependant c'était par l'Ouest que toute communication entre le Nord et le Midi de la France pouvait se faire , puisque toute autre voie était interdite par les eaux. L'inondation supérieure interceptant les routes , nous restâmes plusieurs jours sans nouvelles de Paris ; et aux inquiétudes causées par le fléau physique , venaient s'ajouter encore les inquiétudes politiques , que la malveillance s'efforçait d'exagérer.

Il me serait impossible , Monsieur le Préfet , de vous retracer tous les faits extraordinaires qui se succédèrent dans ces jours de désolation. Aux terreurs du fléau se joignaient des terreurs enfantées par l'imagination. Je ne vous parlerai point de ces contes ridicules qu'un journal, manquant à la fois de lumières et de prudence, se plaisait à propager ; mais je vous rappellerai les bruits répandus sur l'existence de bandes de voleurs, organisées pour dépouiller les magasins dont les fermetures avaient été brisées par la violence des eaux , et pour mettre au pillage les demeures abandonnées.

Ces rumeurs sinistres semblaient favorisées par l'obscurité complète qui enveloppait une partie de la ville pendant ces longues nuits d'anxiété : les conduites du gaz avaient été interrompues et son éclairage avait cessé ; les réverbères à l'huile ne pouvaient être allumés dans la plupart des rues inondées, et l'arrêté que j'avais pris pour obliger les

citoyens à illuminer leurs croisées, ne pouvait être
exécuté qu'en partie, les rez-de-chaussées et souvent
aussi les étages supérieurs ayant été abandonnés par
leurs habitants. C'était un spectacle profondément
triste et saisissant que celui de cette Venise impro-
visée, dans laquelle l'épaisseur des ténèbres n'était
interrompue que par les pots à feu qu'on plaçait
tous les soirs aux lieux les plus difficiles, et par les
torches éclairant la marche silencieuse des barques
qui parcouraient les rues.

Toutefois cet abandon n'était qu'apparent ; plus
les précautions matérielles devenaient impossibles,
plus la police devenait active : les postes militaires
étaient multipliés et renforcés ; des patrouilles, soit
de la ligne, soit des surveillants, se faisaient avec
une régularité constante dans toutes les directions,
jusque dans les parties inondées, en sorte qu'aucun
événement de pillage ni même de simple vol n'est
venu déshonorer notre Cité. Pour assurer toutes ces
mesures d'ordre, j'ai rencontré partout le concours
le plus empressé ; et je dois dire ici, (car la reconnaissance m'en impose le devoir), que toutes mes
réquisitions, quelque onéreuses qu'elles pussent
paraître pour la garnison, ont toujours été exé-
cutées avec le plus honorable empressement. Je
suis heureux d'offrir spécialement ce témoignage de
la gratitude publique à M. le colonel L'Evêque,
commandant de la place.

A la fin de la journée du 5 Novembre, le mouvement de décroissance, quoique presque insensible encore, n'était plus douteux. Je m'empressai d'en donner avis par une seconde proclamation qui doit trouver également place dans ce Rapport.

Mes chers Concitoyens !

J'attendais dans une vive anxiété l'instant où je pourrais vous dire : « Le fléau dont nous sommes victimes, entre dans sa période de décroissance. » Ce moment est venu ; nul nouveau danger n'est désormais à craindre. Mais que la population lyonnaise, qui a montré un calme à la fois si noble et si ferme pendant tout le temps d'une crise qui touche à sa fin, ne se laisse pas abattre après que le danger est passé.

L'inondation va bientôt disparaître ; il ne saurait en être ainsi des désastres qu'elle a causés : que chaque citoyen redouble donc d'efforts pour les réparer.

Le courage de l'action, le calme et la patience étaient des vertus nécessaires durant les trois terribles journées qui viennent de s'écouler ; la population les a développées avec grandeur, et vos Magistrats sont heureux et fiers de proclamer ici que chacun a fait son devoir.

Mais après le danger, une mission commune nous est imposée : au courage de la patience et de l'action doivent succéder les sentiments de la bienfaisance et de la pitié pour le malheur. Cette mission sera remplie ; et, pour y parvenir, l'Administration, dont la sollicitude s'étend en proportion des besoins, compte sur le généreux concours de tous les bons citoyens.

Lyon, le 5 Novembre 1840.

Le Maire de Lyon,

TERME.

Dans la soirée toutefois un orage épouvantable accompagné d'éclairs et de tonnerre fit craindre une recrudescence du fléau ; elle n'eut pas lieu : mais cette chute d'eau presque subite , minant profondément nos montagnes , nous préparait d'autres malheurs.

Le 11 Novembre , à cinq heures du soir , on vint m'annoncer qu'un fragment considérable de ce pudding dont se compose la montagne suspendue à pic au-dessus des *Etroits*, s'était précipité sur la maison de M. Renard, teinturier, et avait enseveli sous les ruines 14 ouvriers. J'accourus immédiatement sur les lieux , après avoir commandé une corvée de 50 soldats pour travailler aux déblais ; mais je reconnus heureusement , ainsi que je l'avais déjà éprouvé bien des fois, que le mal était exagéré par la rumeur publique. Avant la chute de la maison , la plupart des ouvriers avaient eu le temps de s'enfuir ; cinq avaient été blessés ; une jeune fille l'avait été seule assez gravement. Je plaçai près de la maison un poste de pompiers pour prévenir l'incendie des débris du bâtiment et la destruction des soies qu'il renfermait ; le lendemain les soies ont été sauvées , et peu de jours après tous les blessés étaient complètement rétablis.

La Saône continuait lentement à décroître , et

laissait voir successivement sur ses rives et dans les rues les ravages qu'elle avait causés. Elle avait profondément dégradé plusieurs quais, et surtout les nouveaux quais d'Orléans et de l'Arsenal; quelques rues étaient dépavées en certains points, et l'on y remarquait de nombreux affaissements du sol. Une quantité considérable de maisons avaient été ébranlées et lézardées. Les dommages consommés par l'inondation étaient immenses : 26 bateaux de houille, 9 bateaux chargés de charbon de bois, 17 bateaux à laver de toute nature, 10 bachots de la halle aux poissons sur le quai d'Orléans, et 3 bateaux vides avaient péri sur la Saône. Dans les magasins, dans les comptoirs, dans les entrepôts, les pertes étaient incalculables; et ce n'est qu'après la retraite complète des eaux, qui n'a eu lieu que vers le 15 Novembre, que l'on a pu commencer à reconnaître l'étendue des désastres. C'était un triste spectacle que celui des habitants, des commerçants, rentrant dans leurs demeures, dans leurs magasins bouleversés, les débarrassant du limon épais qui les souillait, et contemplant les dévastations qu'ils avaient éprouvées.

Alors s'ouvrit pour nous, Monsieur le Préfet, une nouvelle série de devoirs. Il nous fallait, d'une part, combattre l'influence délétère que le séjour prolongé des eaux pouvait avoir sur la santé de nos concitoyens; de l'autre, remédier aux malheurs publics et aider chacun, autant qu'il était en nous, à réparer les siens propres. Les mesures hygiéniques étaient les plus urgentes. J'avais déjà engagé les habitants à renoncer à l'usage de l'eau des puits, et à lui préférer sans hésiter celle du Rhône et de la Saône. J'ai ensuite consulté le Comité de Salubrité publique attaché à l'Administration municipale; et j'ai publié, sous son inspiration, des instructions qui ont été répandues dans tous les quartiers de la ville.

Mais ces avis salutaires sont trop rarement et trop peu fidèlement observés par la population, pour lui être suffisamment profitables : et s'ils acquittent la dette de l'Autorité, ils sont d'ordinaire bien loin de satisfaire ses vœux par leurs résultats. Le chiffre des morts, dont la moyenne à Lyon est de 210 par quinzaine en cette saison, s'était élevé à 252 pendant la seconde moitié d'octobre qui avait été si pluvieuse. Pendant l'inondation même, du 1er au 15, il descendit à 202 : fait étrange pour ces jours de souffrance universelle, où la terreur du présent et de l'avenir pesait sur la ville entière ! mais conforme d'ailleurs à ce qui a déjà été observé dans les grandes crises des villes populeuses. Pour la nôtre, il pourrait s'expliquer, soit par la fuite d'un grand nombre d'habitants, soit par le défaut d'arrivées, soit enfin par les précautions extraordinaires que l'inondation elle-même a forcément imposées à la plus grande partie de la population, en l'emprisonnant à domicile. Quoiqu'il en soit, ce chiffre certain démontre positivement qu'au milieu de tant d'autres désastres, notre ville a été au moins exempte d'accidents mortels. Mais dans la deuxième quinzaine de novembre, on a compté jusqu'à 259 morts; et ce nombre devait s'élever encore dans le mois de décembre. Je ne crains pas de faire connaître cette triste vérité, parce que je suis convaincu que si jamais les instructions du Comité de salubrité sont suivies avec plus de confiance et d'exactitude, on résistera avec plus de succès aux influences funestes des éléments.

Enfin nous pouvions songer à alléger autant qu'il nous serait possible tous les maux qui pouvaient l'être. Nul ne pouvait exiger d'indemnité pour des pertes dont nul n'était cause; mais toutes les victimes avaient droit à tous les secours que l'humanité pourrait réunir et distribuer. Pour agir avec justice et promptitude, j'organisai, par un arrêté du 27 novembre, douze comités d'enquête et de secours, un par paroisse : chacun d'eux fut composé des citoyens le plus en état d'apprécier d'une part les pertes éprouvées par les inondés, de l'autre leur position respective : les membres des comités visitèrent eux-mêmes les lieux maltraités, écoutè-

rent toutes les demandes, tous les témoignages,
et enregistrèrent ce qui leur parut équitable : puis
un comité central, composé de 12 délégués des
comités, vérifia cet immense travail, et répartit
entre les paroisses tous les secours dont nous pouvions disposer : ils furent distribués immédiatement par les soins des comités d'enquête.

Ces secours ne pouvaient réparer complètement
des pertes dont le total, suivant les calculs les plus
modérés, s'élève, pour la seule commune de Lyon,
à la somme énorme de 2,792,862 fr. Mais la
grandeur des offrandes est un éclatant témoignage
et de la vieille bienfaisance des Lyonnais et de l'intérêt que les malheurs de notre ville ont excité
partout. Les souscriptions lyonnaises ont produit
353,112 fr. 28 c. en argent, non compris une multitude de dons en nature : Paris, beaucoup de villes
du Nord, plusieurs même de Belgique, d'Alle-
magne, nous ont envoyé des sommes importantes.
Elles ont été grossies par la munificence de l'Au-
guste Famille qui nous gouverne et qui ne reste
étrangère à aucun malheur des Français.

C'est pour le Maire de Lyon un devoir et un
bonheur que de consigner ici sous vos auspices,
Monsieur le Préfet, l'hommage de la reconnaissance lyonnaise et l'expression de l'émotion profonde que nous ont causée ces marques de la sym-
pathie universelle.

Pour terminer cette douce tâche, Monsieur le Préfet, il me reste à vous signaler les dévouements qui se sont manifestés pendant les jours désastreux dont je viens de tracer l'histoire. Dans le cours de ce Rapport, vous avez sans doute remarqué les services nombreux et de tous les jours que MM. les Adjoints ont rendus à la cité : MM. Reyre, Bodin et Arnaud ont été constamment auprès du Maire, et l'ont secondé par la sagesse de leurs avis comme par l'activité de leurs démarches. M. Martin (Pierre-Paul), malgré les difficultés des communications entre l'Hôtel-de-Ville et son domicile, n'a pas cessé un seul jour de venir remplir les utiles fonctions dont il est chargé ; et, pour le faire, plus d'une fois il a couru de véritables dangers. M. Malmazet et M. Dunod se sont montrés aussi pleins d'un zèle digne des plus grands éloges ; et toutes les fois que M. Bruyas a pu, malgré son âge, parvenir jusqu'à l'Hôtel-de-Ville, il a, par sa longue expérience des hommes et des choses, éclairé les décisions de l'Administration.

La plupart des Membres du Conseil Municipal sont accourus auprès du Maire qu'ils ont entouré de leurs lumières et de leur énergie ; plusieurs ont concouru, avec MM. les Adjoints, à l'exécution des mesures qui avaient été adoptées, et leur présence sur les lieux où le danger se montrait a contribué à rassurer les citoyens et à ranimer leur courage.

MM. les Commissaires de police ont tous bien rempli leur devoir ; mais je dois spécialement désigner M. Rion, qui s'est tenu sans cesse à la disposition du Maire, à toute heure du jour et de la nuit ; M. Lefebvre, à l'activité et au dévouement duquel tous les habitants de son quartier rendent unanimement témoignage ; MM. Comte, Guenot, Jolivet et Menouillard, que l'on a vus se multiplier dans leurs arrondissements inondés, soit pour secourir les habitants, soit pour leur distribuer les aliments dont ils avaient besoin. Je ne puis non plus passer sous silence le zèle dont M. Bailleul a fait preuve pour organiser et distribuer des secours alimentaires aux nombreux inondés de Vaise qui sont venus se réfugier dans l'arrondissement de l'Ancienne-Ville. Les Agents de police, les Surveillants, ont mis aussi, en général, un empressement remarquable à exécuter les ordres qu'ils recevaient ; et, à très-peu d'exceptions près, l'Administration n'a eu qu'à se louer de ses Employés.

Mais en dehors de ses Agents, l'Administration a rencontré de nombreux citoyens qui, poussés uniquement par l'amour du bien, ont rendu les plus grands services à la chose publique, et quelquefois au péril de leur vie.

Je ne puis me dispenser de nommer M. le Curé de St-Nizier, en faveur duquel vous avez déjà,

Monsieur le Préfet, réclamé une distinction méritée par le dévouement qu'il a montré en distribuant lui-même des secours alimentaires à ses paroissiens.

M. Heyman de Rieglès, Président du consistoire Israélite, suivi d'un Agent de police qu'il m'avait demandé, a été porter des secours de même nature dans les parties de la ville où cette mission offrait le plus de danger à cause des courants que les eaux y formaient; sur le quai de la Peyrollerie, il a été exposé avec l'Agent qui l'accompagnait à un grave danger, et ce n'est qu'avec peine que ce dernier a été sauvé.

M. Paul Merck, fabricant de poterie, par le zèle et le courage qu'il a constamment déployés, par la direction intelligente qu'il a imprimée aux moyens de secours dans les quartiers de Pierre-Scize et de Bourg-Neuf, s'est acquis des droits à la reconnaissance de tous les habitants de ces quartiers.

M. Decoste, marchand-tailleur, rue de la Plume, s'est signalé par son dévouement.

M. Mahussier, horloger, à l'angle de la rue St-Dominique et de la place de la Préfecture, monté sur un bateau, s'est multiplié pour porter des secours et distribuer des aliments aux quartiers inondés; pour me servir des termes de témoins oculaires, cet infatigable citoyen n'a pris aucun repos ni le jour, ni la nuit, travaillant sans cesse au soulagement des malheureux, et oubliant, pour seconder le Commissaire de police et ses agents dans leurs difficiles fonctions, qu'il était lui-même une des victimes de l'inondation.

Les sieurs MAZALON, limonadier, place des Célestins, et SERRAILLE, crocheteur du Bon-Rencontre, ont retiré des eaux deux enfants en danger de périr sur le quai des Célestins, en face de la rue du même nom.

Les sieurs MIARD et FOURNIER ont arraché le sieur Jean LASSAN et un de ses amis au courant du quai St-Antoine qui les emportait.

Le sieur LOMBARD (Antoine), dit St-Just, syndic de la Compagnie des Crocheteurs du quai St-Vincent, avait été envoyé par moi aux Broteaux pour porter secours avec un batelet aux habitants de cette localité. Il s'est acquitté de sa mission avec un zèle et une intrépidité qui ont eu les plus heureux résultats ; car il est parvenu à sauver un grand nombre de personnes. LOMBARD a de plus, pendant l'inondation de la Saône, rendu de nombreux services dans son quartier : de sa part, une pareille conduite n'est pas nouvelle ; car il a déjà reçu une médaille d'honneur pour d'autres actes aussi louables.

Le sieur GRAND (Louis), *futier* à St-Clair, a sauvé, le dimanche 8 Novembre, en se jetant à la nage, une femme qui était près de se noyer dans la rue Mercière à un passage où l'eau s'élevait à plus de deux mètres.

Le sieur LUGNON, crocheteur aux Broteaux, demeurant rue Bonneveau, n. 1, a aussi rendu de très grands services à plusieurs personnes en danger de se noyer dans cette rue, où s'était établi un courant très-rapide.

Le sieur BUISSON, syndic des crocheteurs du Port-du-Temple, a déployé un zèle vraiment admirable ; resté constamment à son poste, il a concouru à conserver la plupart des bateaux amarrés le long du quai Villeroy. Cet excellent citoyen ne s'est pas couché pendant plusieurs nuits, afin d'accomplir une mission toujours pénible, et souvent accompagnée de graves dangers. J'ai vu moi-même à l'œuvre le sieur BUISSON, et je me félicite de pouvoir joindre mon témoignage à ceux des nombreux citoyens qui attestent sa belle conduite et son désintéressement au-dessus de tout éloge.

Le sieur RICHARDY, syndic-adjoint à la 1re compagnie du Port-du-Temple, aidé du sieur Jean VILLARD, a contribué à sauver les marchandises de plusieurs habitants du quai des Célestins.

Le sieur DERVIEUX, modère, s'est admirablement conduit pendant tout le cours de l'inondation ; presque constamment dans l'eau, il y a contracté probablement la maladie à laquelle il a subitement succombé ; aussi aurai-je l'honneur de vous adresser un rapport particulier pour sa famille ; car elle est digne, par ses malheurs comme par le dévouement de son chef, d'obtenir les secours du Comité central que vous présidez.

Le sieur MARMET a fait les plus grands efforts pour sauver le malheureux Claude REMILLY qui a péri entraîné par le courant.

Le sieur VAUNAN , cordonnier, grande rue Mercière , 52 , n'a pas craint d'exposer ses jours pour aider plusieurs personnes à sortir de leurs habitations, et a concouru à approvisionner de vivres tout son quartier inondé.

Les sieurs BERGER (Etienne), Boucherie St-Paul, DESAUCHE , grande rue Mercière , n. 7 , PONAY (Pierre), demeurant à St-Just, BUISSON cadet , tous crocheteurs du port de la Mort-qui-Trompe, ont été constamment occupés aux travaux les plus pénibles et les plus dangereux, et s'y sont consacrés avec un désintéressement complet.

Le sieur ROTZ, marinier, rue de Sarron, 18, a rendu de grands services à ses voisins, soit par lui-même, soit en aidant les agents de l'Autorité.

Le sieur SANAOZE , l'un des crocheteurs de la Compagnie du Bon-Rencontre, s'est fait remarquer entre ses camarades par son zèle infatigable.

Les sieurs Perrachon (François), demeurant aux Broteaux, rue de Condé, 1, et Molard, (Philippe-Auguste), rue Ste-Catherine, se sont dévoués, dans la nuit du 3 au 4 Novembre, pour aider à conserver au port de la Mort-qui-Trompe des bateaux chargés, et ont failli être victimes de leur intrépidité. Ils n'ont pas cessé d'être présents sur le port et s'y sont fait constamment remarquer par leur empressement à se rendre utiles.

Les sieurs Deglise neveu, Muzard, Belissant, Gabert, Fromanteau, Dufour, Aymard cadet et Commarmot, sont, parmi les Crocheteurs de Pierre-Scize, ceux qui se sont le plus honorablement distingués ; le dernier surtout a fait preuve de courage et d'assiduité ; nuit et jour il était à son poste, portant des secours aux habitants, et toujours avec un parfait désintéressement.

Dans la Compagnie dite des Médaillés de Pierre-Scize, les sieurs Mondon, Layard, Gruffard, Chaliot et Léonard, ont acquis plus particulièrement des droits aux éloges de l'Autorité par leur empressement à secourir des malheureux dont ils ne pouvaient attendre aucune récompense pécuniaire.

Le sieur Giroud (Pierre), garde-bateaux du quai de l'Observance, non-seulement a montré le plus grand zèle, mais encore s'est véritablement exposé pour sauver les bateaux confiés à sa surveillance.

En général je puis dire que les Crocheteurs des diverses Compagnies ont presque tous fait preuve d'un zèle et d'un dévouement dignes des plus grands éloges; ils ont déjà reçu, je le sais, leur récompense; mais je n'en devais pas moins vous les consigner dans ce rapport.

Je dois enfin mentionner très honorablement le sieur Chirat, syndic de la Boulangerie, qui s'est tenu constamment à ma disposition, et qui, soit par son activité intelligente, soit par son expérience pratique, soit enfin par son influence personnelle, a été fort utile à l'Administration à l'égard des subsistances.

Sans doute plus d'un dévouement est resté ignoré de l'Administration; sans doute de nombreuses actions dignes de récompense n'en recevront aucune autre ici-bas que la satisfaction que ressent celui qui fait le bien. Pour moi, j'éprouve le regret de ne pas les avoir tous connus; je me fusse trouvé heureux de signaler à la reconnaissance publique les noms de tous les bons citoyens.

Veuillez agréer, Monsieur le Préfet, l'assurance de ma plus haute considération.

Le Maire de Lyon,

TERME.

INONDATION DE 1711.

Extrait des Registres des actes consulaires déposés aux archives de la Mairie de Lyon.

Du Mardi vingt-quatrième mars mil sept cent onze, après-midi, en l'Hôtel Commun de la Ville de Lyon, y étant présents MM. Ravat, Prévôt des marchands; Basset, Fresle, Fischer et Anisson, Echevins.

Etant nécessaire que l'avenir soit instruit des événements aussi remarquables que l'inondation survenue en cette ville dans le mois de février dernier, le Consulat a résolu et arrêté qu'il en seroit dressé un procès-verbal par le sieur Secrétaire de la ville, ce qu'il a fait ainsi que s'en suit :

Les fréquentes pluies du mois de janvier, et la

quantité de neige qui tomba dans les premiers jours de février mil sept cent onze ayant donné lieu à une crue considérable du Rhône et de la Saône, le Rhône s'étant trouvé supérieur parce qu'il étoit plus enflé, il fit étendre la Saône considérablement le mercredi onzième du mois de février ; elle diminua peu de jours après quoique lentement, parce que le Rhône décroissoit de même ; mais à peine put-on s'apercevoir de ce changement, qu'une fonte subite des neiges qui étoient sur les montagnes qui dominent cette province, causée par un coup de vent très chaud et par une pluie assez grande du vendredi vingt du même mois, donna lieu à un nouveau débordement des eaux de ces deux rivières qui croissoient à vue d'œil, et qui augmenta jusqu'au jeudi suivant vingt-six février, le Rhône s'étant soutenu dans toute son étendue et son élévation jusques dans la nuit du mercredi au jeudi, et la Saône n'ayant commencé à diminuer que vingt-quatre heures après.

Il seroit assez difficile de bien décrire toutes les circonstances d'une inondation si extraordinaire et si prodigieuse, ni tous les maux qu'elle a produits tant en cette ville que dans la campagne ; il suffit de rapporter ici que les plus grandes inondations dont les historiens nous aient conservé des mémoires dans l'histoire particulière de cette ville, sont bien inférieures à celle du mois de février dernier, puisque celles arrivées dans les années cinq cent quatre-vingt-douze, mil cinq cent soixante et dix, et mil six cent-deux ne nous apprennent la jonction du Rhône et de la Saône que dans la place des Jacobins, et qu'il a été reconnu par l'inscription qui est placée sur la face de la seconde maison du quai en allant du pont St-Vincent à St-Benoît, et qui fait mention de la hauteur des eaux en mil six cent-deux, que celles de cette année l'ont passé d'environ deux pieds, quoi qu'il soit constant que le pavé de la ville a été élevé de plus de sept pieds depuis ce temps-là.

En effet le Rhône se répandit dans la grande rue de l'Hôpital, jusqu'à la maison de la dame DE BUTERY, où pend pour enseigne le petit St-Jean au désert.

Dans la rue Confort jusques à la maison appartenant à l'Hôtel-Dieu, où pend pour enseigne le Bonnet rouge, et si le Rhône avoit encore crû de deux doigts de hauteur, il auroit joint la Saône dans ladite rue, ce qui n'arriva que dans la place des Jacobins où elle s'éleva jusqu'au dernier degré de la croix ou piramide qui est dans ladite place, et s'étendit ensuite jusqu'à la maison du sieur PERRIN joignant celle du Grand-Secours.

Dans la rue Raisin, jusques à la porte-cochère de la maison du sieur DEMONTEZAN.

En rue Mercière, jusqu'au delà de la maison du sieur Gouyeon où pend pour enseigne le Bout-du-monde.

A la Grenette, jusqu'au delà de la maison du Cheval-blanc et jusqu'au milieu de la rue Dubois au devant de la maison du sieur Ruffier, en tournant à la Friperie.

L'on ne pouvait venir qu'en bateau de la rue de la Pêcherie dans la place de l'Herberie.

Du côté de Bellecour, le désordre fut aussi grand, le portail de l'église de la Charité ayant été couvert par plus de six pieds d'eau, et le Rhône et la Saône s'étant joints à l'extrémité du mail, au devant de la maison du sieur De la Valette, ledit jour vingt-six février, ainsi qu'il paroît par l'inscription que le Consulat lui a permis de placer dans cet endroit.

Les portes de Vaise, de St-George et d'Alincourt furent barrées par les eaux pendant plusieurs jours, et les serrures en furent couvertes : l'eau de la Saône touchoit le plancher du pont de bois de St-Vincent, et la dernière arcade du pont de Pierre du côté du Change. Messieurs les Prévôt des marchands et Echevins s'étant transportés sur ce pont et aux avenues, trouvèrent à propos d'empêcher le passage des voitures, de faire évacuer les maisons qui sont à la tête dudit pont à droite et à gauche du côté de St-Nizier, et ils prirent toutes les précautions convenables pour faire attacher tous les bateaux qui étaient au-dessus des ponts avec de bons cables et triples cordages.

Les particuliers, qui se trouvèrent surpris dans leurs maisons sur les quais, furent obligés de tirer avec peine leur subsistance par leurs fenêtres , et se trouvèrent en quelque manière assiégés pendant quelques jours.

La rivière entra dans plusieurs églises , principalement dans celle des Célestins, où l'eau monta jusque sur les degrés de l'autel , dans celle des Jacobins, où tous les tombeaux furent soulevés , dans l'église des Augustins qui fut inhabitable longtemps et par l'infection et par l'humidité, la Saône ayant creusé très profondément dans plusieurs endroits et tout le pavé ayant été enlevé.

Le faubourg de la Guillotière fut presque entièrement inondé, et la communication de la ville avec la campagne interrompue par tout autre côté que la Croix-Rousse et St-Just.

Les principaux désordres que cette grande inondation a causés en cette ville, consistent dans la perte extraordinaire de bois qui se trouvèrent sur la rivière et sur les ports, de beaucoup de blés surpris dans les greniers sur les quais , presque tous les éperons du pont de Pierre enlevés ou endommagés considérablement, le pont Volant de

Bellecour rétabli depuis le grand hiver entièrement emporté, deux arches de l'ancien pont enlevées et la maison de l'Arsenal entraînée par le torrent le premier jour du présent mois de mars, la plus grande partie des parapets le long de la rivière emportés, le pavé des quais et des rues ruiné dans plusieurs endroits, ce sont là les désordres publics.

Les désordres particuliers résultent principalement de la cessation du travail de tous les ouvriers, de l'alarme généralement répandue dans la ville, de quantités de boutiques fermées par nécessité, d'une perte immense de vins dans toutes les caves qui se trouvèrent subitement remplies, et que l'on fut obligé de faire pomper en plusieurs endroits, non-seulement pour sauver les tonneaux et le peu de vin qui n'étaient pas endommagés, mais encore pour éviter la corruption des murs, et l'infection qu'un trop long séjour de cette eau dans les caves aurait pu produire en peu de temps. Presque tous les puits furent aussi corrompus et toute la ville fut obligée de se servir des fontaines publiques.

Enfin l'on peut dire que cette inondation est sans exemple, qu'elle fut terrible par sa rapidité et par son élévation, et que les maux qu'elle a causés tant à la campagne que dans cette ville sont infinis. Dont a été fait le présent procès-verbal qui a été signé par nous Louis RAVAT, Seigneur des

Mazes, Montbellet et autres places, Conseiller du roi en la cour des Monnaies, Sénéchaussée et Siége présidial de Lyon, Prévôt des marchands; Charles Basset, avocat en parlement, receveur-général des étapes en généralité de Lyon; Pierre Preste, Ecuyer, ancien Conseiller Secrétaire du roi, maison Couronne de France, Seigneur de Cuzieux et Ugnat; Antoine Fischer et Jacques Anisson, Ecuyer, échevins de ladite ville et communauté de Lyon.

Clos et arrêté par le sieur Secrétaire de ladite ville, le susdit jour vingt-quatrième mars mil sept cent onze.

Ainsi signé, Ravat, Basset, Fischer, Anisson.

Et par le Consulat :

Perrignon.

9 782329 677453